AF599398

La primera noche del mundo

Francisca Olivari

Aliarediciones

Corrección: Inés González Calo
Diseño de cubierta: Laura S. Ayuso
Maquetación: Aliar Ediciones

Depósito Legal: GR 1216-2024
ISBN: 978-84-10374-57-7

Impreso en España

Edita
ALIAR Ediciones
www.aliarediciones.es
info@aliarediciones.es

La primera noche del mundo

Francisca Olivari

...No creo que aprendamos mucho
asomándonos siempre
a los mismos abismos...

A mis dos grandes
amores.
A mi familia;
la de sangre
y la que no lo es.
A quienes me abrazan
de cerca,
a quienes me abrazan
de lejos.

Una mirada desde la alcantarilla
puede ser una visión del mundo.
La rebelión consiste
en mirar una rosa
hasta pulverizarse los ojos.

Alejandra Pizarnik

Parte I

Una Mirada hacia afuera

Magnolia

Ese monstruo inmenso
parece dormir.
En sus pasillos vacíos
solo habita el dolor
y un mudo grito
de desesperación.

Allí el tiempo
depreda almas
un sueño inmanente
oscuro, subterráneo
flota en el aire
como una canción
que nadie se atrevió
a cantar jamás.

Marchas rígidas, torcidas,
sombras desgarbadas,
ilusiones desganadas,
sonrisas pueriles,
sin dientes.

No tienen nombre
son números
de historias clínicas,
planes farmacológicos.

Botellas de plástico,
algún mate frío,
una mano extendida
pidiendo un cigarrillo.

Un verde jardín
de sueños dormidos
de mentes ausentes
de ilusiones domadas.

Allí emerge él.
Majestuoso,
estoico,
imponente,
florecido
de blanco
desafiando el tiempo
la locura,
el abandono.

Los loqueros

En los márgenes
de lo política-mente
correcto
estamos nosotros.
Invistiendo
lo irónico,
lo paradójico,
la cordura.
Pregonando
la locura
o viceversa
indicando fármacos
que no tomamos,
automedicándonos
con otros
que nos prescribimos.
Habitando
esta errática
humanidad
que nos tocó vivir
con el humor negro
como salvavidas.
Acompañando
desde la más absoluta
soledad,
a otra soledad innombrable

que poca cura tiene,
que pocos quieren ver.
Viviendo desde el paradigma
de la contradicción:
demasiado médicos
para los psicólogos,
demasiado psicólogos
para otros médicos
habitando ese gris.
Una suerte de chamanes
acallando mentes
(y cuerpos)
sufrientes.
Nutriéndonos
de la metáfora
y otras sustancias...
Los villanos
en muchas películas
que buscan
normativizar
humanidades,
encerrar ideas
en camisas de fuerza
electrocutando
lo que se desvía,
lo que aterra
nuestras pesadillas.

Luchamos
contra nuestros demonios
al querer espantar
los ajenos.
Usando la clínica
como única herramienta
de lo artesanal.
Intentando dar respuestas
donde solo hay
preguntas.
Deconstruyendo tabúes
donde solo hay estigma.
Abrazando
almas desnudas
rompiendo paradigmas
que demonizan
el padecer mental
para intentar
desterrar espíritus
de este aquelarre
donde somos
los más cuerdos
de los locos
o los más locos
de los cuerdos.

No solo un cuerpo

El alma vacía
el cuerpo
de sueños
desvelados,
de historias
inconclusas,
de huesos
descarnados.

El epigastrio gruñe
de abandono
no nombrado,
de un amor ausente,
de carencias a su lado.

Ofrendándose
en orgullo,
humanidades rotas.
El sacrificio buscando
la perfección ignota.

El deseo
tan lejano
de no llegar a ser
sombra.

El autoflagelo
insuficiente
que va sellando
la boca.

La piel se quema
carente,
de caricias errantes.
Un sufrimiento
innombrable
va consumiendo
la carne.

La herida
grita muda
ante un ser
invisible.
El deseo nihilista
de ser vacío
no sirve.

Los espejos
no reflejan
el desamparo
ignorado.
Lo no dicho
duele sangre,

en las muñecas
tatuado.

La niña eterna
se arrastra
entre sombras
desnutridas.
La infancia,
también ausente,
se sacude
en la desidia.

Un rostro ceniciento
lleva la cuenta
de a ratos.
En sus costillas
se cuentan
los minutos
los fracasos.

La rueda

Porque nunca alcanza
sea poco o mucho.
Estar en falta
es inminente.
Porque «nunca»
nunca es «siempre»
y nos hace
insuficientes.
Porque «nunca»
es «demasiado»
ni siquiera
un «aceptable»
ya no hay tierra media;
la insatisfacción
lo infesta todo.
Y después
la culpa.
Y después
producir.
Gira la rueda
de hierro
gira indolente,
grotesca.
Gira en silencio,
hasta aplastarnos
lentamente.

El dolor,
la insatisfacción...
Porque
nunca
es suficiente...

Hormigas

Aparecen de la nada
tejiendo escenas
inconexas
con hilos negros.
Invadiéndolo todo
hasta el sopor
de la tarde
que parecía
inhabitable.
Cómo irrita
ese andar constante
ante todo
y contra todo.
Me invita
a aplastarlas
suavemente
una a una
con la yema
de mi índice.
Y así, me aplasto
un poco a mí
también
porque no quiero
ser
una de ellas.

...¿Adónde te va a llevar
tu piel hoy?...

Colibrí

Delicado peso
en verde tornasol
desafiando el viento
a contraluz del sol.

Lo siento aletear
en mi pecho
contengo el aliento
quiero conservar
el surrealismo
de su frágil vuelo.

Espero verlo
otra vez
besando esa roja flor.
Encarnando
almas queridas,
batallas perdidas,
pregonando libertad.

Medusa

(A.T.A)

Esa cabeza bestial
resollando
por encima
de la tuya
destrozó
tu psiquis
devoró
tu inocencia
te arrancó
los sueños.
La muerte
suele venir
en lentas cuotas
la última
es en el cuerpo.
Pero el fuego invisible
del alma
puede apagarse
mucho antes.

Grito

Ese aroma
agrio,
orgánico,
profundo,
de amargos versos
grita: ¡Mamá!
allí donde
la poesía
se representa
ausente.

Mediocridad

¿Qué es el otro
sino el vil reflejo
de nuestra propia miseria?
¿Por qué compararnos
con otros si no?
Al final,
todos somos
pobres almas
buscando
brillar
por contraste.

Un otro

A veces
solo necesitamos
la caricia
de la palabra justa
que nos rescate.
Un faro encendido
cuando anochece
de día.
Un puerto seguro
cuando la oscuridad
marina
amenaza con tragarnos.
Un abrazo
a tiempo
cuando esa herida
rancia
amenaza devorar
lo que queda
de humanidad
en los huesos.
Porque el peor
enemigo
siempre estuvo dentro.

Raíces

No hay sentido
de pertenencia.
No hay patriotismo
ni desarraigo.
No hay banderas
colgando de las ventanas,
ni envolviendo almas,
o ataúdes.
No hay himnos
que pongan la piel
de gallina.
No hay lejanía
ni identidad
necesarias
para estremecer
los huesos
o quebrar la voz.
Hay tejido
migratorio
color rojo
hilvanando
desiciones,
circunstancias
y contextos.

Hay muchas sangres,
muchas pieles
mudadas.
Hay plantas
del aire.
Se nutren de él,
viven sin raíces.
se adaptan,
se agarran,
(no muy fuerte)
se despiden
a medias.
Lo evitan,
si pueden.
El «origen»
puede ser también
un espiral difuso,
errante,
trashumante,
dinámico,
algo prescindible.

...Quizás solo somos
soledades
hermanadas...

Hay noches

Que no le deseo a nadie.
Que resecan
los sentidos.
Que disecan
las arterias.
Hay noches
que tiñen de azul
el otoño.
Que callan
lo que hay que gritar.
Hay noches
llenas de significados
y vacías de palabras.
Hay noches
mal vestidas
que no dejarías entrar,
que hacen caer
el velo de malla
desnudando
la realidad.
Hay noches
que destejen
madrugadas
entre suspiros quedos.
Donde el dolor
se sienta a tu lado

a palmearte la espalda
y explota
en mil astillas
imposibles de tragar.
Hay noches frágiles
como los dientes
en los sueños.
sin refugio,
ausentes de miradas.
Hay noches
que solo
sangran.

Pestañeo

Leve gesto
inconsciente,
etéreo.
Un vaivén
de palmeras
meciendo el enero.
Despierta ternura
inocente,
real.
Un gesto leve
inevitable,
pertinaz,
acompasado.
Vivo aleteo
de mariposas
marrones.
Lento y pesado
sopor vespertino.
Un gesto suave,
delicado,
fugaz.
Acaricia pupilas,
hermana lo vivo,
refleja humanidad.

Evasión

A lo lejos,
un sol
cambiaba de forma.
Se celebraba
su huida
de fuego
de forma precoz.
Al atardecer
sucumbo
a su pálida lluvia.
La noche y el día
repiten su danza.
Vaivenes
insípidos,
pesados,
como el mundo
que sigue girando
indolente,
inmutable,
tan ajeno al dolor.

Otra paz

La madurez
quizás sea
aceptar
la decadencia
de hallar
estabilidad
en la repetición.
Un lugar seguro.
Tranquilidad
y cierto orden
en la rutina.
Resignificar
conceptos:
adrenalina puede ser
no oír el despertador
por la mañana.
Los trámites tediosos
pueden ser
una rutina aceptable.
La madurez,
es entender, también
que hacer *running*
es huir
hacia adelante.

Es preferir
la tibieza del sofá
en lugar de la resaca.
Comprender
que los cuerpos fríos
ya no llenan
madrugadas.
Que el agua calma
siempre es más clara
que la turbulencia.

...No soy capaz
de desear
la «normalidad»...

Crepuscular

Algo intuitivo
se enciende
cuando la razón
se apaga.
Los latidos
son más fuertes
ya no pueden
con el agua.
Danzan sauces
desmembrados,
piensan,
y no saben nada.
Cuánta entropía
de pronto
se coló por mi ventana.
El viento peina
mis ideas,
y estas vuelan
deshojadas.
Solo quedan
las quimeras,
centelleando
ante la nada.

Permane-ser

¿Qué persona
en su sano juicio
lucharía contra
la caducidad?
¿Quién acaso duda
de las fechas
de vencimiento,
de los olores rancios,
de las almas cansadas,
del final de los proyectos?
¿Quién no ha tirado
un jamón gris de la nevera?
¿Por qué prolongar
la existencia
a toda costa?
¿Quién es capaz de desear
la inmortalidad?
¿Es vanidad?
¿Es miedo?
¿Quién es tan imprescindible
como para no merecer un final?
Insistimos en no morir.
Nos resistimos
a envejecer.
Deseamos
trascender.

Para esto,
hacemos vínculos,
escribimos libros,
plantamos árboles,
tenemos hijos.
No queremos vivir,
queremos solo
«existir».

La esperanza

Me gusta la gente
que pinta
sin miedo
que quiere
sin celos
que duerme al soñar.
Me gusta la gente
consciente
de ser materia.
Que viven
con ímpetu
que no buscan
«durar».
Me gusta la gente
que tuerce destinos
que cambia
la historia
que no les da
todo igual.
Me gusta la gente
que encarna
demonios
que mira a la cara
a la soledad.
Me gusta la gente
imperfecta.

Que escucha mucho
que dice poco.
Que no habla
sin pensar.
Me gusta la gente
leal, generosa
que viste de verde
y golpea el cristal.
Me gusta la gente
que no teme al llanto,
que siente sin miedo,
que ama aunque duela,
que grita al amar.
Me gusta la gente
que patea injusticias,
que pronuncia verdades,
que impide olvidar.
Me gusta la gente
gentil,
protectora.
guardiana de sueños,
que coge tu mano
con serenidad.

I.A.

Lo que hoy llamamos
«sociedad»
es un conjunto
de palotes
mal escritos
numerados
sin identidad.
Que siguen en serie
un camino marcado
a ningún lado.
Que huyen corriendo,
que siempre van tarde,
que adoran a un dios
de LCD.
Tráfico,
bocinas,
agendas colapsadas,
mentes colapsadas...
¿El Progreso?
El de las máquinas
¿El nuestro?
Un fracaso.
Ya no hay
una otredad.
Mal-vendimos
libertad,

comunidad,
al peor precio
del mercado.
Entregando el alma
al vil metal.
Creyendo
que así somos
felices.
Que somos
las frases que dicen
nuestras tazas.
Pretendiendo
ser la *selfie*
en las redes sociales.
Pretendiendo
que no somos
cuerpos espectrales
que se arrastran
de casa a la oficina
y viceversa.
Anodinos,
apáticos,
opacos.
Cada día,
cada mes,
cada año,
la misma secuencia
macabra.

Pero productiva,
normativa,
domesticadora.
Todos caen rígidos
desde el mismo molde.
Obedientes,
a tiempo al *show*
del consumismo.
Donde
«si se quiere se puede»,
donde
«ser feliz»
es mandato.
Nosotros también
nos consumimos
para no consumir,
o consumimos
para no consumirnos.
Nos evadimos,
nos anestesiamos,
elegimos no pensar.
¿Cuántas cosas hacemos
para olvidarnos
de que vamos a morir?

Vejez

No comprendo
los espejos rotos,
los relojes detenidos.
La intemperie
quemando suave
la carne.
Los surcos
del tiempo
trazando mapas
en los rostros
orgullosos
de haber vivido.
La nieve creciendo
en lo más alto.
El cansancio
pisando los talones.
El cuerpo con las huellas
de haber abrazado vida.
Las manos curtidas
de tocar, de sentir,
de acariciar, de temblar.
No,
no es justo ese trato
al más bello
y trascendente
testimonio

de nuestro paso
por mil mundos.
De nuestra inmensidad.

Piscis

El dolor del mundo.
Frágil
humanidad.
Ardua
sensibilidad.
La fusión
con el todo.
Hermetismo
expansión
empatía.
Dolor de existir.
Utopías
sin razón.
Idealismo
y desazón.
Lastima respirar.
Mejor
lo hago canción.
Sigue lacerando carne
abrazo el cosmos
me queda grande.
Caigo otra vez,
cuesta levantarse.
Doy el salto
y floto.

Soy liviano
como el aire.
Soy de viento
soy de Dios...

...Una lágrima fugaz,
se va sin decir adiós...

Parte II

Sobre el amor

Fuera de tiempo

Se miran
absortos,
sin verse.
Las manos húmedas
los ojos secos.

Esquivando los minutos
que pesan inertes
cuando están
llenos de nada
que decirse.

Se observan
mirando(se) a través
del otro.
La quietud en sus labios
el pájaro temblando
en la garganta.

El lento tic-tac
del reloj,
marca
el comienzo
del fin.

Y se miran,
con los besos
dormidos,
e ilusiones
desganadas.

Atraídos
por el vértigo
de un vacío
sin retorno,
a un abismo
solitario.

Ese espiral
trunco
parecía infinito.
nadie les dijo,
nunca imaginaron
cómo duelen
los minutos
al borde
de la nada.

Sinónimos

Suele ser
duele ser
una letra
cambia,
y cambia
todo.

Con el alma desganada
con el alma desgarrada
una letra,
o dos.
Todo cambia
o, a veces,
nada.

Sentirte
mentirte
y reemplazo
una por otra
y a veces,
aun así,
dicen lo mismo.

Naufragio

Ya no arde
ese puerto
del que deseabas huir
en un barquito de papel.
Ya no espero
tu melodía
en las mañanas
de enero.
Ya no hay incendio,
ya no hay navíos,
solo tierra seca,
solo el hastío...

Talismán

Al cerrar los ojos,
retazos blancos
de su piel
traspasan
el obturador.

Sencilla,
melodiosa,
poética
pronunciación.
Allí no hay error.

Un recorrido
a ciegas
de ondulados bordes
(si los tuviera)...

Y en los dedos
reluce
un fino y suave polvo
de alas de mariposa.

Andrómeda

Tomo tu mano
se hace de noche,
y las estrellas
siguen brillando...

Tu mano se enfría,
ya son las doce.
Y las estrellas
siguen brillando...

Somos siendo
carne
fuera
de órbita,
volando...

Y las estrellas
siguen
brillando....

Para vos
titila el mundo,
para mí
estalla
el big-bang.

Y las estrellas
siguen brillando...

Todo en suspenso
(es tan importante).
Y las estrellas
siguen
brillando...

Amor

Una palabra
que me solidifique.
Porque caminar
sobre el delgado hielo
es la muerte en vida.
Solo oigo palabras
que abren viejas heridas.
Heridas ancestrales
que me preceden.
Y un agujero infinito
me atraviesa
de lado a lado,
amenazando
con tragarme.
No tengo esa palabra,
no sé inventarla.
Y eso me disuelve,
me siento pequeña.
Quizás tenga varios
defectos,
y algunas virtudes.
Pero no tengo,
(y anhelo)
la capacidad
de ser
amada.

Boceto

Intenté,
con liviandad
e inocencia,
plasmar tu rostro
en un papel.
Como si fuera fácil
aprehender
con grafito
en un simple gesto,
los rasgos
que atraparon
mi mirada.
Como si fuera posible
ilustrar
tu voz melodiosa.
La tibieza
suave y confortable
de tu mano
conteniendo la mía.
Como si se pudiera
esbozar
a quien
me permite ser.
No sin temor,
no sin reflejos

de defensa
arcaicos.
Quien con naturalidad
y decisión,
plantó su vida
junto a la mía.
(Y todo lo que él planta
florece, reverdece).
Mi piloto y copiloto
en las (tantas)
tormentas sorteadas.
Mi sostén y estructura.
Mi cobijo,
mi cordura,
mi pedazo de vida.
Mi compañero
en la noche oscura.
El abrazo
de sol
que amanece
junto a mí.

La primer noche del mundo

Un hueco
en el sol.
Turbulencia
en las venas
de la noche.
Eliminar sombras
es lo primero.
Extraños brillos
irrumpen
en el azul
terciopelo.
Las miradas
se encienden
en colores.
Naranja y verde
danzan sin pudor.
Con el cuerpo
en llamas
las nubes
son de niebla.
Despojos de otros
siglos
quedaron atrás.
Con la sal en la boca
y el polvo
entre los dientes

la piel
no es suficiente
para decir adiós.
Y así poder presenciar
cómo la luna
vuelve a nacer.

Memento mori

El aire enrarecido
lo hace mas confuso aún.
Revolver antiguos restos,
sin sentido
sin salida
poner sal en las heridas.
Añadir más leña
al fuego
de las frías brasas
de un antiguo mechero
desganado
agobiado
hastiado,
nunca puso parches
en ninguna herida.
La sal del mar
se evaporó
dejándonos hundidos.
La antesala
de lo siniestro
posó dos cuervos
en mis hombros,
en mis ojos,
ahora cuesta respirar.
Duele pensar.
(Las palabras como sentencias).

Paraliza
decidir.
Angustia ver
en cámara lenta
todo caer.

La ca(s)za

Sus flechas ponzoñosas
disparadas sin piedad
dando en el blanco
donde más duele.
Usa su mayor virtud
con habilidad
para dar
en el talón de Aquiles.
Con palabras
como lanzas
que atraviesan
carne débil
que se desangra.
Dejando marcas blancas
que escuecen
como el hielo.
Con puntería certera
destruyen todo a su paso.
Perfección irremediable.
¿A eso llamas «amor»?
¿A eso nombras «justicia»?
¿Al egocentrismo indolente
innato y naturalizado?
¿Mortífero y final?

No le tiembla el pulso
para tensar el arco.
Y medir así
la distancia,
la resistencia.
La víctima atrapada
en un vaivén circular,
enloquecedor.
Pivotando
entre dos polos:
la musa y el despojo humano.
Sucediéndose sin lógica
y por capricho...
Allí no hay amor.
La crueldad puede emerger
con violencia
quemando
con fuego helado,
levantando muros,
que aplastan
distancias
y vidas.
Y la presa,
siempre es ella.
No importa qué haga
o deje de hacer.

Para ella,
el dolor sin nombre.
Para él,
su vida como eje.
Para ellos...
Nada.

Ni una palabra

Aunque es cierto
quizás
no necesitamos tanto
al otro.
Quizás basta un tirón
para uno mismo poder
arrancarse el dolor
de las venas,
del amor.
Poder expulsar las sombras.
Poder no llorar
sin que explote la garganta.
Poder anestesiar
los restos del tsunami.
Acallar el grito sordo
que brota en las entrañas.
Poder maldecir
la perfección de las estrellas.
Borrar
los mapas.
Quemar
las naves.
Sepultar
engaños.
Pero ¿y después qué?

La cicatriz imborrable,
los despojos,
los espejos rotos,
el silencio aún vacío.
La carencia
se presenta
sin invitación.
La nada.
No hay
ni un gesto que sane,
ni abrazar partes rotas,
ni una palabra de amor...

Ausencia

Estoy masticando
arena.
Rumiando
un sentimiento
mutante
parecido
al amor.
Estoy habitando
pesadillas,
aguardando
el crepúsculo.
Estoy intentando
salvarme
del orden
subjetivo
de las cosas.
Estoy flotando
inerte
en un mar
de oscura confusión.
Estoy sopesando
dudas
que lloran sangre.
Estoy buscando
alicientes
y brújulas

que me alejen
del horror.
Estoy naufragando.
Estoy...
¿Estoy?

...Qué sacrilegio
usar el arte
como un arma...

Sueños

Ese amor
era único.
Era un cuerpo celeste
volando rasante
sobre mi psiquis dormida.
Incorpóreo,
murmuraba
sensaciones,
emociones.
En un plano onírico
perfecto,
impoluto.
Había que despertar
para entender
tanto éxtasis.
La vida no es eso,
la vida es lograr
habitar
la realidad de cada día.

Restos

Serpentean volutas
luces de un aterrizaje
que encandilan
ilusiones
imaginarias,
imposibles.
Se consume
y son cenizas
de un pasado feroz
feliz,
mejor,
y un futuro
sin memoria.
Aplasto lo que queda,
el humo aún flota
como algo similar
a la esperanza
impaciente
de un amor
que apagó sus brasas
mucho antes
de que deje de sentir
su calor.

Desvelo

Una pregunta
a media voz
atravesaba suspiros.
Esa noche
la tristeza encendió
una rosa sangrienta
en mi pecho.
Del cielo
al suelo
y en el medio
todo
se desarma
como blando barro.
Del suelo al cielo
y en el medio
nada.
La letanía sonaba
hace años
y nadie la oía.
No hay peor sordo
que el que no quiere
huir...

Com-pasión

Por los resquicios
de algún error
quizás se cuele
la redención.
Con el alma
hecha jirones
tiembla en la boca
el perdón.
El grito mudo
de un desahuciado
implora
romper el hielo.
Si nadie
le da la mano
no puede
escalar al cielo.

En las venas

Supo acariciar
mi oscuridad
no sin dolor
fue por amor.

Me despojé
de todo
frente a él,
sentí temor.

Planté semillas
negras
en su pecho.
Sembré dolor.

Intenté arreglar
el cristal roto
y mi herida
sangró

pero luego amanece,
repliego mis sombras
doy paso a la luz
y abrazo el calor.

...Qué menos quisiera
que el cielo llueva
en mil retazos
de las llaves del pasado
de las cenizas de otro amor...

Parte III

Una Mirada hacia dentro

Yo escribo

Como un proceso
diacrónico
incompatible
con ir hasta el fondo.
Es inevitable
no sumergirme en él.
Esquivando llamaradas
que arden en mí
como el eterno retorno.
Un espiral
como el tedio
inevitable.
Como su existencia,
como la mía,
como la ausencia
de deseados misterios
e islas donde huir.
Es preciso guarecerse
cuando todo
está dicho.
Cuando todo
está escrito.
Cuando la víctima
es un capricho.
Como tu asíntota
y mi curva,

como el amanecer
que no cesa
de nacer,
barriendo toda oscuridad.
Como insistir en llenar
sin nada
ese vaso roto.

Catarsis

Desde un matiz
de carencia
la escritura fluye feroz
intentando llenar vacíos.
Desde un lugar solitario
las palabras
acompañan un dolor
enquistado
como una esquirla
de algún recuerdo mejor.
Desde algún sitio
recóndito
hay una tristeza
inhabitable
inevitable
olvidada.
Que se hace carne,
que rasga los velos,
que rompe los huesos,
que grita salir.
Que busca transmutar,
dejar de existir.
Ahogada
en su propio silencio.
Las palabras
como escudos.

Las palabras
como aves.
Las palabras
cómo salvan.

Tregua

¿Por qué temería romperme?
Si ya estaba rota
desde mucho antes.
Es que a veces
mi deseo
pierde altura
y se estrella.
Y ya no quiero
tener nombre.
La sombra se abre paso
sigilosa.
La invito a pasar,
a acompañarme:
«Tranquila,
esta noche
no voy a destruirte...».

...Y un día me reconocí
en esa sombra
que siempre estuvo
en su sitio
paciente,
esperando por mí...

Alter ego

Al menos
una vez al día
me decepciono
a mí misma.

Me desafío
a permanecer
un rato más
a mi lado.

Escribo
lo que viene
cuando todo
se ha ido.

Busco esa paz
sin calma
en una tierra lejana
que no me sea ajena.

O, al menos,
un poco
de libertad
que no sea comprada.

¿Cómo saber
quién soy,
si nunca supe
habitarme?

Rumiaciones

En la falsa calma
de esta noche
insomne
la oscuridad hace
danzar sombras
que anidan
en el terreno fértil
de una ilusión cansada.

Cierro los ojos...
y la misma negrura.
Pero los pensamientos
son otros.
Dentro de mis párpados
palpita
una llamita naranja.

La ausencia de sueños
la acerca y la aleja
al compás de mis latidos.

Viene otro pensamiento
pero ya no es el mío.

Intento

Dejé de nacer
esa noche
en que el mundo contaba historias
de amantes despiadados
e imperios caídos,
de baños de sangre
sin sentido.

Dejé de soñar
cuando olvidé
el arte
que vivía en mi cuerpo,
ese magma primordial,
ese tejido
desintegrado,
enredado
en el deseo.

Dejé de morir
cuando mi mirada
se perdió en el andén
y el tiempo
se detuvo, inerte
por un instante.
Y su rostro
y su voz

invadieron mi mente
disipando la niebla,
redirigiendo mis pasos
hacia donde
debo ser.

Espuma

Al final,
el dolor
y el alma
se disuelven
en la esencia
frágil
infinita
de su sal.

Montar sus olas,
dejarse llevar.
Adentrarse
en su salada
inmensidad.

Ya no hay
piedra
que ancle
ni red
que atrape
el vapor
de la esperanza.

Pájaros negros

Abrí la puerta
de esa jaula en mi pecho
a mil aves negras.
Que no quieren volar,
permanecen encerradas
por (mi) propia voluntad.
Esperando así, quizás,
una existencia
más leve,
más obediente,
más llena de sol...
Pero no.
No fue así.
Fue desangrar
el alma
gota a gota
para poder flotar
hasta vaciarme,
hasta la nada.
Y me atreví
(pobre de mí)
a llamarlo
«libertad...».

Antídoto

Solo un poco
de algo
que me nuble
la consciencia.
Que estar enferma
de lucidez
puso ratas
en mi alcoba.
Sembró sombras
como enredaderas.
Me vistió
de oscuridad.
Quitó velos
a la realidad,
que cayó
descarnada.
Y esta soledad
de huesos
sin piel
expuestos
sin pudor...

Me salvo

Cuando observo
en el horizonte
nubes oscuras
acechando,
trenzo dolor
con mis manos,
plasmo colores
que aún no existen.
Me nutro
de miradas ajenas.
Aprieto
entre los dedos
la pluma
que rasga
el papel.
Deposito frustraciones
en quimeras doradas,
en futuros inciertos,
que evitan
que me hunda
en su fondo arenoso.
Invento puertos
y navíos
que atraviesan
tanta inmensidad.

Me visto
con su azul
eternidad,
me salvo...

El nombre del padre

Ya he visto
más de una vez
a mi madre
llorar
entre flores
deshojadas
y espacios vacíos.
Y un yo ausente,
y sitios ausentes,
y yo vacía
en cuerpo y alma
pensando que así
me (¿las?) protejo.
Enterrando
una angustia
innombrable.
Mi (des)figura
paterna
siempre lejana,
deshilachada,
difusa,
ajena,
intermitente,
huidiza.
Tuvo muchos rostros.
Tuvo muchos nombres.

Fue anhelarla,
idealizarla,
odiarla,
descartarla.
La sombra
del padre.
Pocas veces real
tantas veces cruel.
Instantes efímeros,
felices,
tristes,
intangibles.
Y más de un cuerpo
por llorar.
Y un amor
difícil de palpar,
esquivo de asir
entre unas manos
infantiles
que poco saben
de la muerte.
Poco comprenden
del abandono.
De la soledad
que insiste.
No es posible
abarcar,
o entender

sin rabia
sin impotencia...
tantas flores muertas.
Y el abandono...
El abandono...

Ritual

Ofrezco a la luna
mi dolor.
Recojo las cenizas
de otros llantos.
Entierro el pasado
con temor.
Despierto fantasmas
con mis pasos.
Arrullo la pena
sin pudor.
Tanto sentir
y un mundo estanco.
Enciendo
alguna vela
en mi interior.
Invoco
aquella calma
en otros cantos.

Asfixia

Tengo una estaca
hecha cenizas
en lo profundo
del pecho.
Un gris que avanza
sin piedad.
Me va cubriendo
el cemento.
El cielo
cierra sus fauces
sobre mí,
me ahogo.
De pronto
la gravedad
me aplasta,
no siento
el cuerpo.
Si al menos
pudiera llorar...
Si al menos
pudiera gritar...
Si al menos
pudiera sentir...
Las emociones
no me tocan.
Se extinguieron.

Ya no duelen.
Ni desbordan.
La vida
espesa,
anodina,
polvorienta,
me da cobijo
en su gris ceniza.
Me entierra
al fondo
de la cornisa.

...La peor
de las soledades
suele ser
la más concurrida...

La niña interior

Pobre niña perdida
herida antes de nacer
se olvidó por qué lloraba
se olvidó cómo crecer.

Pobre niña oscura
que no creyó merecer
una caricia errante,
el abandono en su ser.

Pobre niña desquiciada
fruto del desamor
por el sol fue encandilada
y en su rama no hubo flor.

Pobre niña eterna
abrazó fuerte el dolor
creyó que entendía el mundo
ignoró su amargo sabor.

Punto medio

Ni aquí ni allá
lo intrascendente.
Ni blanco ni negro
un gris etéreo.
Ni rápido ni lento
tránsito agónico,
invisible,
inocuo,
por los márgenes
de un ayer.
Ni fuerte ni suave
flotar
desvanecer-se
en la cuenca
del olvido.
Ni aceptar
ni rechazar
más allá
de lo vivido.
Porque no hay más
que esta niebla
vespertina
que habita
el presente.
Porque no hay más
que este
preciso momento.

Invisible

Siento
la espuma salada
quemándome
la boca.
Pasos indecisos
vacilantes
me llevan
a ningún sitio.
El abismo
se abre
en mi pecho
vaciándolo
entero de
susurros
anhelantes
en la oscuridad.
No hay
asidero posible
en el ébano
estrellado.
Una soledad
innombrable
yace quieta,
vespertina.
Le cojo la mano.

Para no perderme
más aún
entre gritos
ahogados,
que sin nombre
materializan mi ser.
El humo
de algún elixir
y pensamientos
vagos,
anodinos
configuran
la nada.
Y eso es
todo.

Límite

Nunca supe
recordar
sin olvidar.
Correr
sin parar.
Morder
sin
lastimar.

Nunca logré
pensar
sin
sufrir.
Llorar
sin reír.
Herir
sin
hablar.

Nunca pude
besar
sin sentir.
Amar
sin
celar.

Soltar
sin
morir.

...No es lo mismo vivir
que durar...

El humo

Resistiendo
todos
los embates.
Reduciendo
amenazas
a enemigos imposibles.
Y aun así,
dejando la carne
en quimeras ajenas.
Sin lograr sortear
el fango oscuro
que devora
la psiquis
atrapada
en la telaraña
de mis pensamientos
circulares.
Porque esta guerra
interna
de mí
contra mí
no tiene tregua.
Entonces
el desasosiego
o la disociación
como rescate.

Anestesia emocional
disfrazada de estabilidad.
Pero el fuego interno
quema más
aunque no se ve.
Y el humo...
Me lo fumo
en suaves dosis.

Perdón

Un mil
luciérnagas rojas
corrían
delante mío.
La velocidad
se me adelantaba,
no podía responder.
Esa voz
me sosegaba,
venía de otro tiempo.
Y me acariciaba
una impaciencia
que yo era
incapaz
de abrazar.
Así corría el agua
al río
y yo seguía
especulando
amaneceres
impasibles,
idílicos,
inexistentes.
Me abrazo,
pensé que se podía...

Pido permiso,
era inevitable
estrellarse.
Aunque el amor
sigue intacto.
Y la belleza también.
No hablo de perfección,
que tantos fracasos precipitó.
Tan inocua,
diluida,
vana,
fantasmal.
Luego aprendí
que hay cosas peores
de las que menos se habla
y allí insisten.
Perdón...

El inconsciente

Me escupe conceptos
crudos,
confusos,
tumefactos,
difusos.
Me devuelve
imágenes
inmóviles,
trasnochadas,
estremecedoras,
incomprensibles.
Retazos de relatos
incongruentes.
Donde corro con las manos.
Donde mi casa no es mi casa.
Donde mis dientes caen sin dolor.
Aun así
siempre elijo lo onírico.
Sueños bizarros,
ridículos,
indescifrables,
monstruosos.
Nunca tanto
como la realidad.

Sueños
rescatándome
del tedio
de la vil
normalidad.
Los escribo,
los recorro,
los plasmo en lienzos.
A veces quisiera
soñar sin dormir.
A veces quisiera
dormir sin soñar.

Terapia

Pensamiento
dicotómico.
Lo extremo.
Necesidad
de intensidad.
Luego
no soportarla.
Subir,
caer.
El vacío
inamovible.
La sombra
del abandono.
Y el terror.
La inercia
de dejarse ir.
La autocompasión.
Olvidarlo todo.
Embarrarse,
revolver
oscuridad helada
con las manos
vacías.
El temor
al tedio.
A chocarse un muro.

A abrir la ventana,
al miedo
de mí misma.
Y a la fuerza
inesperada
de algún pensamiento
que no debería
estar allí.
Una tormenta
sin barco
un barco
sin mar.

Statu quo

No quiero nada
que no sea real.
No quiero
más mentiras.
No quiero realidad.
No quiero tibieza
ni conformismo.
No quiero
posverdad.
No quiero
gris rutina.
No quiero
esa vil paz.
No quiero
oír el alba
rompiendo cada día
para recitar
los mismos versos.
No quiero
dormirme
cada noche
con los mismos cuentos.
No quiero nada
que no palpite,
que no me haga brillar.

Instinto

Mi reacción
ante el peligro
puede ser
huir muy lejos
con el cuerpo
o con la mente
y olvidar.
Reprogramar
neurotransmisores.
Marearlos,
confundirlos,
a ver si así
olvidan el circuito
del miedo,
el recorrido habitual
del dolor,
o al menos
entretejer
una niebla emocional
como velo.
Un embotamiento
placentero
que me protege
de lo que embiste
sin piedad.

Los des-trozos

Hoy no sé quién soy
no sé quién era.
O si alguna vez lo supe
o si alguna vez lo fui.
Hoy debo buscarme
entre escombros
del sismo.
Reconocerme
en espejos malditos.
O descender
a las profundidades espesas
donde pueda habitar
algún resto,
algún vestigio
que pertenezca a mi alma.
Algo de mí
que no sea parte
de un otro.
Algo de mi esencia
(si es que la hay).
Algo que sea más
que este *collage*
de trozos de historia.
Que este Frankenstein
de piezas desordenadas.

Que este nudo
de mecanismos
de defensa,
de parches temporales.
Algo de lo que sea,
que tenga brillo propio.

Olvido

Me muevo a tientas
en la oscura incertidumbre.
Ante mí
un muro
de silencio pétreo.
O la calidez de un gesto.
o el fuego lamiendo
los pies enemigos.
La historia no arrasa
si aún queda memoria.
La bruma de un gesto
disuelve las olas.
Si hay alas
que vuelen.
Si hay pena
que duela.
Las rocas matizan
de azul
el cristal.
Tan frágil que duele
volverlo a escuchar.
Prefiero mentirme
si esa es la verdad.

...En mi mente entran más cosas
que en mis manos...

Terrenal

Quisiera no ser
carne.
Ni el frío sordo
en los huesos.
Ni roja tempestad mensual.
Ni el sol triste
de enero.
Quisiera ser etérea,
incorpórea,
celestial.
Aparecer
y desaparecer
a mi antojo.
No quisiera
lo burdo,
lo concreto,
lo mundano,
lo carnal.
No quisiera
las lágrimas,
ni el sudor
ni la sal.
No quisiera
el indolente roce
de un cuerpo
no deseado.

No quisiera
visitar multitudes.
Prefiero esquivar olas,
prefiero ser sin cuerpo,
prefiero ser de mar.

Sueños en blanco

Lucidez narcótica.
Una nube suave
intoxica mi mente.
Hay un velo turbio
que me aleja
de una angustia
intransitable.
Ya no siento
cuchillos en el pecho.
Me entrego al sopor
que pesa en los ojos.
La garganta se abre
en mudo grito.
No así mi cielo.
Pero cualquier cosa
es mejor
que miles de espinas
clavadas en el cuerpo
que nunca logro
terminar de extirpar.

...¿Cómo es,
sino equivocándonos,
que perdemos el miedo
a equivocarnos?...

Vidas pasadas

Yo entonces,
era otra.
Construía montañas
piedra a piedra
con mis manos.
Era un tiempo
sin tiempo.
Veía en el cielo
un azul eterno.
Sonreía más,
y pensaba menos.
No esperaba
que la montaña
se derrumbe.
Esperaba el mar
tejiendo destinos.
Penélope
acechando el horizonte.
Poco sabía yo
de la vida.
No imaginaba
que sobre un hueco
no cabe otro hueco
ni en verdad
ninguna existencia.

La quietud

Un instante
palpita
trémulo
en mi garganta
enarbolando
el resabio vívido
de la tempestad.
Sirenas oscuras
custodian mis sueños.
Donde hablo
sin miedo
lo que sé callar.
Susurran silencios
ocultos sin tregua
lo más parecido
a la soledad.
El vaivén helado
donde muere el día
deriva a la nada
no hay ancla,
no hay paz...

La duda

Es demasiado.
Siempre es demasiado.
Las estrellas saben de mí
aunque no sepan consolar
lo que no puedo nombrar.
Mi voz silenciosa
cae hacia dentro
donde nadie la espera.
Mil cristales resuenan
en un fondo sin paz.
¿Qué haría mi alma
si no tuviera dudas?
¿Qué haría mi calma
si no tuviera alas?...

...Duele doler siendo
pero duele aún más
ser sin doler,
doler sin ser...

Parte IV

Mi (co)razón

Blue mami

Lágrimas
gotean
suavecito
contenidas,
como un grifo
mal cerrado.
La leche duele
y llora a ríos.

Lágrimas
ocultas,
desganadas,
insípidas,
incomprendidas,
lastimando
madrugadas.

Soledad,
apatía,
anestesia,
bloqueo
químico.
Mis pasos
sin reloj
se arrastran
silenciosos.

Sueño,
culpa,
rabia,
otra vez
culpa.

La marea
sube.
Amenaza
con cubrirlo todo.

A veces,
oleadas
furiosas,
indomables.

Otras veces
lentas,
mortíferas,
insidiosas.

O un molesto tedio,
me vacía
gota a gota
como una monótona
llovizna de abril.

Yo tengo un sol

No sale solo de día.
Viste su esplendor
a toda hora.
Conquista amor
con su magia
indómita,
irreverente,
ocurrente.

A veces
tibiecito
como el sol
de la mañana.

A veces arde
en la piel,
en los órganos.
Vivo de inquietud curiosa.
Vivo de vida.

Arrasa con toda duda.
Pregunta
sobre la vida.
Pregunta
sobre la muerte.
Exige respuestas.

Incomoda.
Pesa mil kilos.

Te abraza.
Te abrasa.

Yo tengo un sol
que ilumina mis días.
No todos
son fáciles.
No siempre
es ameno.

Yo, a veces,
quiero
noche de luna.
Oscuridad.
Soledad madre.
Una bandera blanca
a tanta demanda.

Pero sin mi sol,
no sería yo
No sería...
No...

Cochocho

Tu inocencia
consiste
en ignorar
tu ternura,
que me cala
hasta los huesos.

...La maternidad debe ser
la experiencia más transformadora,
ambivalente,
invisibilizada,
e invalidada que existe...

Lo incondicional

Arde en los ojos
el amor eterno.
Una lanza afilada
atraviesa el pecho.
Sin calma,
con miedo.
El alma expuesta,
desarmada,
reblandecida.
Éxtasis y agonía
tanta suavidad,
tanta ternura,
hace llorar
al cielo.
Paraliza
la certeza
de que no existe
otro sentido
más que abrazar
este pacto
con la vida.
Este nacimiento
eterno.
Este amor
eterno.

La llegada

Esa noche
duró tres días
o diez segundos,
no recuerdo.
Y fue su peso
sobre mi pecho
lo primero que sentí.
Y su aroma puro
a animalito nuevo.
Devolviéndome
la cordura.
Después, el miedo
que inmoviliza.
Y esa mirada
que desarma.
La irrealidad
borrosa,
blanca,
aséptica,
rodeándolo todo.
Y mi cuerpo,
que hace meses
me era ajeno,
ya vacío,
al principio

no supo bien
qué hacer.
Sin sangre,
sin gritos,
mi ego estalló
en mil trozos.
Y aprendí
sobre la soledad.
Y sobre la certeza
de que nunca más
volvería a estar sola.

Herencia

Yo no tengo mucho
de eso que la gente
llama: «de valor».
Pero puedo,
tengo,
y quisiera dejarte
(o transmitirte, acaso)
el amor por la lectura.
El optimismo
que a veces se me escapa.
La paciencia
que tejo cada día.
La fortaleza
que me permite estar de pie.
La importancia
de aprender de los errores,
de ser compasivo
con uno mismo
(aunque yo no siempre lo sea).
La rebelión
contra lo injusto,
contra lo perfecto,
contra «el deber ser».
El valor
de la amistad.

La pasión
por el dibujo y la pintura.
Que sepas
que ensuciarse
no importa.
Que llorar
está bien.
(Las personas fuertes
lloramos mucho).
Compartirte
el placer
por la cocina
y el buen comer.
Que entiendas
que todos somos distintos.
Y tu eres única.
Que no se opina
sobre otros cuerpos.
Que todos merecen
respeto y cuidado.
Que las personas
valen más
que las cosas.
Que la empatía
es un valor
fundamental
y escaso.

Que entiendas
y aceptes
tus emociones.
Que del aburrimiento
nace la creatividad.
Que la vida
puede ser hermosa,
y a veces no tanto
pero rendirse
no es una opción.
Y después de la tormenta
siempre sale el sol.
Que ser valiente,
no significa
no tener miedo.
Que «no es tan fiero el león
como lo pintan».
Que nuestros ancestros
nos aman
y nos cuidan
desde algún lugar.
Quisiera que guardes
nuestros tantos
momentos compartidos.
La única foto
que conservo
de tu bisabuela.
También su anillo.

Que conozcas tu historia.
Quisiera que nunca olvides
que siempre quise darte
mi mejor versión.
Y todo el amor
que soy capaz de dar.
Que por ti soy
una mejor persona.

Índice

Parte I
UNA MIRADA HACIA AFUERA

Parte II
SOBRE EL AMOR

Parte III
UNA MIRADA HACIA DENTRO

Parte IV
MI (CO)RAZÓN

Este libro se terminó de editar en Granada
en septiembre de 2024 por

Aliarediciones

www.aliarediciones.es
info@aliarediciones.es